Patrick Nawessi

Longue nuit

Patrick Nawessi

Longue nuit

Entre temps , prison et supplice

Éditions Muse

Imprint

Cover image: www.ingimage.com

Publisher:
Éditions Muse
is a trademark of
Dodo Books Indian Ocean Ltd., member of the OmniScriptum S.R.L Publishing group
str. A.Russo 15, of. 61, Chisinau-2068, Republic of Moldova Europe
Printed at: see last page
ISBN: 978-620-2-29942-8

LONGUE NUIT

AUTEUR : PATRICK NAWESSI

CONTENU

i. Première partie : tourbillon

Un espace de moi veut migrer vers le bonheur

La profondeur des tourments du passé me hante

Je sens mon esprit quitter mon corps vivant

Les sourires d'un jour, sont de perpétuels malheurs

Une bombe activée dans mon être

Un compte à rebours au Zénith

Esprit libre, volatile et rêvasse

Je meurs d'une mort douce.

Manquement

La route vers l'aurore

Un supplice pour mon cœur

Les ténèbres me tiennent en cœur

L'heure est un leurre

Les Vikings l'appellent Valhalla

Les chrétiens, le Paradis

Les Grecs, l'Olympe

L'homme, l'Italie

Cupidon , doux démon

Le bourreau de mon cœur

La lutte libère, l'amour enchaîne

L'homme s'entraîne

L'ermite se mire sur l'étang

La souffrance n'a pas de mi-temps

L'homme n'a pas le temps .

Cœur

Dans un coin du néant

Brule mes espoirs d'avant

Le feu consume mon être

Comme le soleil sur les ailes d'Icare

Sensationnelle est la douleur

Nostalgies sont les souvenirs.

Temps de chien

Tant de fois j'ai été là

Le temps passe mais je reste là

Je ne sais pas, je persiste cœur en lambeaux

Le ciel bleu me paraît noir le jour, clair le soir

Yeux dans mon monde, la tête dans mon cœur

Le paradis, c'est la passion qui émane à ta vu

Oh ! Temps, écoule toi encore plus vite jusqu'à l'heure

Exténué, affligé, troublé, parano j' ère seul

Dans ces bras j'eus souhaité me reposer

Les couloirs de ce monde paraissent tristes

La mort dans l'âme , la recherche des prétextes

Stockholm me tient encore en respect ce soir.

Délicieux Enfer

Dans mes yeux se meurt ma flamme

Un moment de moi qui part tout en flamme

La vie me joue des tours comme des coups

L'existence semble être une façade de tours

La douleur du monde a trouvé refuge dans mon âme

Oh aventurier d'émotions, en quête de plaisir

Nul ne sait la où se trouve ce précieux désir

La colchique, ma fleur à nectar mortel

L'addiction d'un monde donc j'ai seul l'accès.

Pauvre migrant

Un nuage au ciel, un monde à toi
Ma vie, un reflet de choix
existence sans conscience
Une marche vers l'inconscience
Devant toi, un monde fictif

Les océans m'appellent comme cette fleur du mal
La pression est haute et l'espoir est bas
Comme un soldat ma vie appartient aux autres moi
Chercher à comprendre
L' incompréhensible en toi
Le désert est beau en été

Ma Colchique, ma douleur
Mon délice , mon malheur.

Poison

Je veux partir mais pas sans vous

L’hiver est là mais pas vous

Notre amour est il une utopie

M’auriez vous tourné en rond

Ce cœur ne sait que faire la ronde

Près de vous je crois, loin je désespère

Ma raison sombre t’il chers frères

Nul doute que vous m’êtes indispensable

Attendre demain c’est risquer

Vous désirer est un fardeau insupportable

L’hiver à vrai dit est supportable

Ma vie perd du volume

L’espoir est voisin de la vie

Demain est une autre nouvelle vie

Quand le soleil sortira j’irai .

Déséquilibre

Je pense toujours à toi

Mais je sais que c'est peine perdue

Mon cœur se lamente

Mon corps se désalte

Ma vie en tire une leçon de vie

Que j'assumerai pour ne plus faillir

Le soir je me promènerai aux étoiles

En espérant trouver un toit

Pauvre de moi.

Vagabon

J'espérais avec toi voir la lune
Marcher sur les toits pour la lune
Tant de fois je m'imaginais ce mirage
À deux comme de binôme sur cette marche
Les frissons de ça me perdaient jusqu'à l'aube
La nuit Alcoolique de ce dernier, la journée sobre

L'esprit enroulé dans les illusions
La conscience noyée dans les émotions
Le cerveau poursuivant le cœur à perte
La raison émiettant la passion se vide
Mon temps part, sans regarder derrière
Enfant de nulle part , je galère.

Mirage

Couché sur le sable d'été, la mer nous guide

Un voyage astral nous conduit dans une lointaine ballade

Le chant des oiseaux, une mélodie angélique

Oh mon ami le vent, amène nous donc en Martinique

Ciel sombre, végétation époustouflante tout y est

Les jours se succèdent mais ne changent pas d'air

De l'autre côté se trouve des être mi femmes mi poissons d'une beauté extra

Ces êtres usent d'une mélodie enchantée

Mon esprit migre dans ce beau mirage

Je crois que j'aime l'une d'elle , celle avec de longues manches

cheveux blonds, un teint brun et silhouette de guitare.

Voyage en Martinique

De l'autre côté du fleuve

La nature a été généreuse

Dans ces lieux de montages et mangroves

La lumière fut vertueuse

Le Moungo vu naître une perle

Cette fleur arrosée des larmes du paradis

Oh quelle est belle !!

Le soleil a trouvé refuge sur ses pétales

Unique parmi ces montagnes

Titulaire de mon âme

Nul doute que je la veux comme compagne

Oh !! Moungo que fais tu de mon âme

Comme une colchique tu m'attire

Je ne saurais ne plus tenir

délice de mon présent

Raison de mon trouble.

Moungo

J'ai eu envie de te serrer dans mes bras,

j'ai eu envie de parler avec toi,

j'ai eu envie de me perdre dans tes yeux ,

j'ai eu envie de te faire sourire ,

j'ai eu envie de t'embrasser ,

j'ai eu envie de te dire comment te voir souffrir me faisais souffrir également,

j'ai eu envie de te dire que je t'aime une énième fois ,

J'ai eu envie de croire en notre amour,

J'ai eu envie de combattre encore,

J'ai eu envie de hurler de rage,

j'ai eu envie de disparaitre.

Scènes

Le parfum de ton corps à base de bonheur
Cette lumière envahie ton être jusqu'à ton cœur
Esclave de tes charmes sadiques je suis perdu
En manque de ces charmes, je deviens confus
Le bonheur c'est ton sourire qui éloigne ma peur
Entre tes bras, je me sens comme un enfant chez sa mère .

Le soir, les oiseaux me parlent de toi
Ils parlent de la belle fleur qui est en toi
Cette fleur qui me manque avec ardeur
Le soleil s'est réincarné sur ta peau mielleuse
La douceur de ta voix , un régal pour mes oreilles
Tes baisés, un antidote contre le stress.

Miel

L'obscure jardin où l'on se promène
L'amour qu'on a connu un temps
Le mal qui est encré dans nos veines
Les mi-temps qui se répètent autant

Le néant a demandé un esprit
Les cieux du père ont observé
Nous nous sommes laissés aller
Tous les éléments ont signalé

Plus dur que le diamant le plus pur
Ce corps magmatique qui explose
Ils ne comprennent pas l'énigme du néant
Un esprit, réclame t'il

Les cendres sont toujours chaudes
L'être sacrifié brûle toujours
L'illusion du bien être se meurt à feu doux
L'obscure jardin où l'on se promène.

L'infini

Enveloppée dans cette coquille

Tu présentes un visage opposé

L'univers de tristesse siège en toi

l'acier est un papier face à ta coquille

Tes yeux trahissent bien ton toi

Le sourire cache mal ton mal

L'être aimant voit au-delà de la surface

Le refuge où tu te planque chaque soir

Au fil des temps tu deviens cette face

Le néant a atteint sa profondeur en toi

L'être aimant souffre du masque

Le bon vient toujours après le mal

Un corps se vidant de son âme

L'amitié est ton seul refuge

L'être aimant voit ce mal .

Prisonnière du temps

Je ne veux plus y penser

Ça fait déjà un moment

Tu continues à m'harceler comme un obsédé

Mon passé veux tu contrôler mon présent

Pourquoi fais tu ça encore maintenant

Mon futur ressemblera t'il aux années d'avant

Cette ombre plane au dessus de moi

On dirait que je suis prisonnier de toi

Te rends tu compte du mal que tu me cause

Pourquoi t' acharne tu constamment sur moi

À ce niveau, je ressens un dégoût constant

Oublie moi

je ne veux plus de toi

Tu as assez troublé mon moi.

Temps

ii. Deuxième partie : le regret

La nuit tombée, mon mal remonte
Mes faits d'hier à présent me hantent
Comme un fantôme j'ère dans mon mal
Perturbé au point de ne plus connaître le bien être mais le mal
Te faire du tort j'y suis arrivé
T'éloigner de moi, j'y suis également arrivé
La tristesse est mon bourreau, la honte ma compagne

La rédemption serait une issue pour moi
Mon âme n'en peut plus de cette existence sans toi
Du mal je t'en ai fait et encore
Ton pardon serait un extincteur pour étouffer cette tristesse
Vagabon est devenu mon âme et triste mon esprit

Pardonne moi Mon ami
J'aurais pas du t'abandonner Lamy
Quel idiot j'ai été à cause d'elle mon ami
Cette fiction risque me fait perdre le meilleur des Lamy.

Rédemption

Loin dans le Sahel

Une fleur sauvage éclore

du soleil levant au littoral

Du littoral au Sahel

Les victimes se comptent en centaines

Comme un vase poli par un vieux artisan

Son pollen est l'un des plus parfait

Les abeilles ingurgitent ce nectar

L' ivresse en suit , l'addiction conclue

Rester sur le littoral, une abeille rêvasse

Les rêveries de la pauvre abeille a pour sujet la fleur sauvage

L'abeille garde les stigmates de son passage

Miel, mielleux , mou , moelleux est le goût du pollen

Jour après jour, il ne garde que ce goût en haleine.

Acte manqué

Un an déjà que t'es parti l'ami

Tu es sorti ce soir là comme d'autres fois l'ami

Pleine de vie tu étais, courageux tu l'étais

Cette nuit du 9 au 10 juin 2018 fut noire

Qui l'aurait cru qu'on ne devrait plus te voir

Tôt a été ton départ, profond fut notre douleur

Des mains noires nous ont hotté de ta présence

Ton départ nous a laissé comme un goût amer , triste et même tragique

Se souvenir des bons moments avec toi

un palliatif pour combler ton absence

Jeune tu étais, pleine de vie tu fus, tu l'avais aussi la force

Oh tu nous manque camarade

Tu as pris l'avance

on te rejoindra camarade.

À DIEU ATEBA

L'aube sonné, je me leva
Avant le cri du coq, je n'étais plus là
La pluie nous avait épargnés de ses cordes
J'allais où je devrais aller, dit on
La journée n'avait laissé rien transparaître

Sur la route du chemin, avec foi j'avançais
Mélodieux était le sourire de maman
Le savoir n'a pas de prix, dit on
L'envie de me démarquer m'obsédais

Dans cet espace fraternel, j'eus fondé mon espoir
Qu'il eu cru que le savoir coûtait autant
D'un seul coup, tout s'assombrit
La lumière qui brillait devint sang
Le sang , devint le prix de notre savoir

J'ai pas pu te dire à dieu mère
J'ai payé l'addition au prix fort
Ma vie pour le savoir.

Chemin d'école sans retour

iii. Troisième partie : l'humain

Tout en haut des monts se trouve un bon
Le sage marche pour distribuer son don
La chaleur du soleil le réchauffe à l'hiver
La pensée compagne fidèle et dédiée

Le bleu du ciel n'a plus de secret pour lui
Les jours sont si longs et semblables
La routine est une seconde nature
Le sage est un primate méconnaissable
La mort un état définitif.

L'ermite

Désirer mais pas réussir

Vouloir ne pas y parvenir

Espérer sans aucune confiance

Souffrir avec insistance

Croire aux autres mais pas en soi

Toujours suivre mais ne jamais être suivie

Le plaisir a un arrière goût amère

La volonté, un espoir voilé

Le jour, une souffrance à l'horizon

Le temps, l'histoire de nos divers horizons

Le mendiant, un travailleur sans syndicat

L' art, succession de dédicaces

L'amitié, un refuge pour partager

La solitude, un endroit pour se parler

La tristesse comme la joie, une preuve de notre existence

Désamour, plus grande pauvreté

La mort, une faiblesse.

Testament

La vie perd le temps à mon existence

Vivre pour moi est une essence

Nul ne peut arrêter ma limité mis à part moi

Les obstacles n'empêchent rien mais testent le soi

Que devrais je faire quand ma prison est mon esprit

Liberté !! Liberté !! Quel plaisir utopique

La loi est la seule liberté de la république

Le rêve l'unique moyen d'évasion des faibles

La soumission canal d'expression des nobles

La mort voie de désaliénation des hommes libres

Contrat social, mensonge voilé

Cimetière de nos espérances trompés

De route en mer le migrant passe

Sac chargé d'espoirs et de messes

L'Italie un rêve, l'Europe une destination

De l'autre côté des Caraïbes

La mer chante la liberté et les hommes l' interprètent par le zouk

Liberté , un concept

La mort, une libération.

Liberté

pères toujours de pair
Lui parmi mes êtres
ciel avec du noir
L'homme avec ses pairs

Père sous la croix en train de croire
L'homme sur le sentier de la vie
Elle toujours en train de se faire voir
Eux cherchant des prétextes pour s'enfuir

Nous ayant les mêmes paires
Vous vivant sans pères
Les cieux maison du père
L'amour avec un pair

Sur les frères on s'appuie

L'autre peut-être un pair

À chaque acte ils font de pair

Avec elle on s'ennuie .

Moi-Toi

Tempête à travers le temps qui passe
Ensemble dans le firmament de la vie
Toi de la côte , lui du soleil couchant
Au feu des épreuves les plus denses

Dans le Moungo, il s'est rendu
Dans la Menoua tu t'es rendu
Ils disent que les contraires s'attirent
Toi tu es son alter égo

Nul ne sait où vous allez
Tous savent où vous venez
Chemin faisant, vous laissez un legs
Chemin de croix, amour fraternel

Il n'y'a rien de beau au-delà des limites
Les limites , vous les avez délimitées
Profonde est votre amitié
Réelle est votre fraternité.

Alter égo

Jeudi noir , jour de vie

Le vent soufflant de l'est

La honte s'effondre

L'aile gauche ainsi, laisse du lest .

Frères étrangers dans une maison

Héritiers du malheur Fraternel

Des profondeurs de la mère terre

Trois décennies de séparation .

Un égo barbare et primitif

L'humanité sacrifiée au peloton

L ivresse des choses de la terre

Tuerie pour la folie des théories.

Croissant des temps

Cible du camp

Le phénix du temps

L' empereur du moment.

Partenaires de crimes

Du sang d'ébène sur les mains

Teint trop clair, cœur d'ébène

Ébène toujours ébène et encore ébène.

Die dummheit des menschen

L'être de ma vie

La Femme de ma nuit

Le Fantasme d'un temps

Le Refuge de mes ennuis

La Faiblesse d'une vie

L'abstrait paraît mieux

L'homme semble condamné

Je me suis laissé enfermer

Tout paraît vrai

La carence spirituelle

L'imperfection des créatures

Les cieux créèrent l'homme

Frankenstein son monstre

L'homme des monstres

Les savants fous le monde

La nature désavouée

La raison déraisonnée

La logique modifiée

Le monde sans universalité concrète

L'humain corrompu

L'humanité perdue.

Freins.

L’ avenir de l’humanité

Convoitise du bêtisier

L’homme des envies bornées

Comptoir des sorciers

Mère nourricière de toujours

Refuge des derniers jours

L’espace des sans limites

Point commun des êtres

viole à répétition

Points de sutures béants

profit érigé en règle ultime

direction pour le néant

Notre infiniment grand

source de pitance

champ d’expériences

L’avenir de l’humanité.

Anthropos

En quête du savoir j'ai été

Longtemps fut mon désire de vivre comme un oiseau

Douleur, sacrifice avec un arrière goût d'isolement

Méditation cartésienne sous fond d'obligations

Les jours se ressemblaient comme des routines bibliques

Les conseils étant sagesses, je navigue dans l'illusion

Parchemin à main, expérience en cour de téléchargement, savoir faire en décrépitude

Le crépuscule était une chose de ludique

Tant d'années de recherches pour finir sur le banc de touche

j'ai vieilli dans cette affaire sans avoir de cartouches

Ce savoir faire est une culture pucelle

Mes contemporains ont avancé d'un pas.

Malédiction

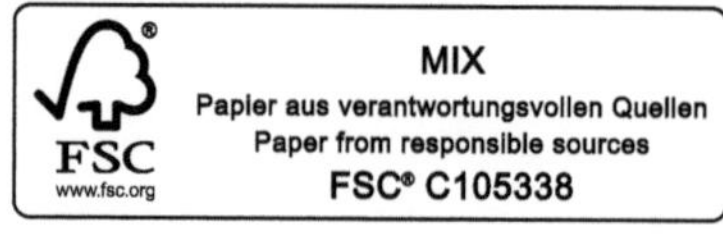

Printed by Books on Demand GmbH, Norderstedt / Germany